# Wilhelmshaven

## lieben lernen

*Der perfekte Reiseführer für einen unvergesslichen Aufenthalt in Wilhelmshaven inkl. Insider-Tipps und Packliste*

Lilly Schormann

# ✈ INHALT

# Das erwartet Sie in diesem Buch

Moin! Sie lieben erholsame Ortschaften und Strandspaziergänge? Sie halten sich gerne in der Natur auf und interessieren sich für historische Orte? Dann begeben Sie sich auf eine Reise nach Wilhelmshaven und lernen Sie eine bedeutsame Stadt des Nordens kennen. Erleben Sie eine ruhige Stadt, die trotzdem viele Sehenswürdigkeiten zu bieten hat. Besonders für Schriftsteller, die einen inspirierenden Ort zum Schreiben suchen, für Familien mit Kindern oder auch Paare, die eine Auszeit vom Alltag brauchen, für Historiker und Naturliebhaber, ist die Stadt Wilhelmshaven das ideale

Reiseziel. Das Buch bietet Ihnen eine Zeitreise durch die Vergangenheit, nimmt Sie mit zu den schönsten Plätzen und Sehenswürdigkeiten und gibt Ihnen einen Einblick in die Tier- und Pflanzenwelt des Nordens. Genießen Sie die kulinarische Vielfalt, die Strandspaziergänge bei Sonnenuntergang, die malerische Natur, die vielen Gärten und Parks, die gemütliche Atmosphäre in der kleinen Hafenstadt, lehrreiche Museumsbesuche und Wattwanderungen. Essen Sie in ausgewählten Restaurants und seien Sie informiert über typische Feste und Veranstaltungen.

Welche Orte sind sehenswert? Welche Sehenswürdigkeiten ergänzen sich? Und welche gesundheitlichen Vorteile bietet ein Aufenthalt an der Nordsee? Fahren Sie voller Vorfreude und gut informiert in die berühmte Hafenstadt und erleben Sie einen Urlaub, der die perfekte Mischung aus Erholung und Sightseeing bietet.

Durch persönliche Berichte, Empfehlungen, Anekdoten und kleinen Infokästen können Sie sich einen umfassenden Überblick über diesen Urlaubsort verschaffen. Und freuen Sie sich am Ende des Buches auf eine kleine poetische Fantasiereise über den Norden, die Dünen, den Strand, über das

Eintauchen ins Meer und lernen Sie die lyrische Perspektive der Nordsee kennen.

# Eine Zeitreise durch den Norden

## KAISER-WILHELM-BRÜCKE

Begeben wir uns nun auf eine Zeitreise durch den Norden und entdecken dabei vergangene Orte. Sehr bekannt ist die Maritime Meile, die sich rund um den Wilhelmshavener Südstrand befindet.

Infobox:

Maritim (lateinisch maritimus, zum Meer gehörig) bezeichnet den Einfluss des Meeres. Die Maritimen Meile umfasst die Wirtschaftszweige, Museen, Läden etc., die direkt oder indirekt mit dem Bereich des Meeres zu tun haben. Zur maritimen Wirtschaft zählen neben der Schifffahrt auch die maritime Industrie sowie auch der maritime Fremdenverkehr.

Laufen wir zunächst über die Kaiser-Wilhelm-Brücke, einem der größten Wahrzeichen in Wilhelmshaven. Sie verbindet den Südstrand und die Südstadt miteinander. Sofort fällt einem die alte Laterne auf, die prachtvoll über der Brücke hängt. Laufen Sie über die blaue Brücke. Von dort aus kann man den Hafenverkehr beobachten.

Es bietet sich eine schöne Kulisse, um die Arbeit am Hafen kennenzulernen, verschiedene Schiffe zu besichtigen und zu beobachten und um sich einen Überblick über die Umgebung zu verschaffen. Wenn Sie es lieben schöne Fotos zu schießen, kann ich Ihnen die Kaiser-Wilhelm-Brücke empfehlen. Diese gilt als einer der beliebtesten Fotomotive. Besonders schön ist es abends, wenn es schon leicht dämmert und die Lichter der Brücke angehen. Wenn man in der Abenddämmerung vor der leuchtenden Brücke steht, fühlt es sich fast so an, als würde man in eine andere Welt eintauchen.

Das Beleuchtungskonzept hatte bei den Sanierungsarbeiten oberste Priorität. Das warme und dezente Licht soll die Silhouette der Brücke und ihre Konstruktion auch nachts gut zur Geltung bringen. Besonders zur Abend- und Nachtzeit ist es deshalb besonders romantisch, einen Spaziergang über die Brücke zu unternehmen. Vor einigen Jahren hatte Ralf Patron, der Besitzer des Restaurants Patron am Südstrand, die Idee, ein Kaiser- Frühstück und ein Kaiser- Dinner mitten auf der Kaiser-Wilhelm-Brücke zu veranstalten. Dieses Jahr kam das 150- jährige Jubiläum von Wilhelmshaven hinzu. Dies wurde im August als Anlass für ein weiteres Brücken- Frühstück und Brücken- Dinner genommen. Bei ruhiger Musik, einer schönen Aussicht auf den Hafen und stimmungsvoller Beleuchtung konnte man sich mit einem ausgewählten Drei-Gänge-Menü verwöhnen lassen.

Die Kaiser-Wilhelm-Brücke ist einerseits sehr romantisch und zeigt andererseits auch ein Stück der Geschichte Wilhelmshavens. Außerdem bringt diese die Besucher zu den anderen Sehenswürdigkeiten der Stadt. Zu diesen zählen natürlich auch die Museen und die Südstrandpromenade. Man gelangt direkt auf die berühmte Maritime Meile, wo es viele spannende Attraktionen zu erkunden gibt. Und das Schöne ist, dass man von hier aus schon die salzige Luft des Meeres riechen kann und so direkt in Urlaubsstimmung kommt. Die Kaiser-Wilhelm-Brücke ist ein schöner Start für die Sightseeingtour durch Wilhelmshaven.

Infobox:
Die Brücke hat eine Spannweite von 159 Metern, eine Breite von acht Metern und wiegt 440 Tonnen. Es ist wichtig, zu wissen, dass der Autoverkehr jeweils nur von einer Seite aus stattfinden kann. Schiffe, die passieren, dürfen nicht größer als neun Meter sein.

Die Geschichte der Brücke begann mit dem Jade-Vertrag am 20. Juli 1853. Preußen besaß bis zu diesem Zeitpunkt noch keinen eigenen Hafen an der Nordsee und kaufte vom Großherzogtum Oldenburg eine große Fläche (313 Hektar) am Jadebusen. Die

Geschichte von Wilhelmshaven ist eng mit der deutschen und preußischen Marine verwoben.

König Wilhelm (später Kaiser) gründete 1869 eine Marinegarnison.

Der Bau der Brücke begann 1905, die Fertigstellung war im Jahr 1907. Die Brücke galt als größte Drehbrücke Deutschlands. Die damaligen Baukosten betrugen 1.625 Millionen Mark. Der Entwurf stammte von Ernst Troschel und wurde von der Firma MAN-Nürnberg gebaut. Wilhelmshaven ist der größte Marinestandort in Deutschland und besitzt den einzigen Tiefwasserhafen. Wenn Schiffe passieren, dreht sich der Pfeiler um 90 Grad. Die Brücke klappt also nicht hoch, sondern dreht sich zur Seite weg.

Seit 1975 steht die Brücke unter Denkmalschutz. Seit dem 9. August 2007 gibt es eine 1,45 Euro Sonderbriefmarke mit einer Abbildung der Brücke, da 2007 das 100- jährige Jubiläum der Brücke gefeiert wurde.

## DEUTSCHES MARINEMUSEUM

Wenn wir uns ein wenig weiter von der Brücke entfernen, gelangen wir zum Deutschen Marinemuseum. Dieses Museum empfehle ich besonders für die Geschichtsliebhaber. Hier wird auch die Geschichte der Kaiser-Wilhelm-Brücke erzählt und es gibt viel Wissenswertes zu den Themen „Marine" und „Hafen" zu erfahren.

In drei Epochenräumen wird man über die jüngste deutsche Geschichte gut informiert. Das Marinemuseum befindet sich passenderweise direkt in einem Schiff. In den sehr beengten Gängen kann man am eigenen Leibe einen kleinen Eindruck darüber gewinnen, wie das Leben auf dem Schiff wohl gewesen sein muss. Platzangst sollte man nicht haben, wenn man dieses Museum besucht. Zumindest, wenn man einige der Gänge entlangläuft. Das Motto des Museums lautet: „Menschen – Zeiten – Schiffe", welches dort wirklich sehr gut umgesetzt wird.

Man kann sehr gut allein durch die Gänge schlendern, aber strukturierter ist die einstündige Führung durch die Dauerausstellung. Viele Daten und historische Fakten aus dem Geschichtsunterricht werden sicherlich auch bei Ihnen wiederaufgefrischt und einige neue Dinge werden in Erfahrung gebracht. Man sollte auf jeden Fall sehr viel Zeit einplanen, wenn man das Museum besucht und natürlich auch wirklich Lust darauf haben, mehr über die Geschichte zu erfahren. Es ist auch sehr empfehlenswert, das Museum noch ein zweites Mal zu besuchen, da man sich beim ersten Besuch unmöglich alle Fakten einprägen und direkt alles besichtigen kann. Um einzuschätzen, ob man Interesse an einem Besuch hat, werden nachfolgend einige Infos und Fakten bereitgestellt.

Neben der Dauerausstellung bietet das Museum auch immer eine Sonderausstellung an, die ein spezifisches Thema beleuchtet. Das Museum bietet eine sehr wissenschaftliche Darstellung, die durch hautnahes Erleben ergänzt wird. Besonders gut sind die Videoinstallationen, die das Leben der 334 Besatzungsangehörigen an Bord erläutern, die dort gearbeitet haben. Man bekommt einen sehr ausführlichen Einblick, wie die Menschen dort gearbeitet haben, wie bestimmte Waffensysteme funktionierten und wie die Unterkunftsbereiche ausgesehen haben.

Während der Ausstellungen bekommt man als Besucher auf jeden Fall wahnsinnig viel Input, welches einem zum Nachdenken anregt. Ein Besuch dort lohnt sich sehr.

Infobox:

Dauerausstellung

Im ersten Raum „Deutsche Marine im 19. Jahrhundert" wird vor allem die Entstehungsgeschichte der Marine in Deutschland im Jahre 1848 und die Gründung Wilhelmshaven thematisiert. Wilhelmshaven entstand, als es 1853 zum Jade- Vertrag zwischen Preußen und Oldenburg kam. Die Marine und die Flottenrüstung spielten im Kaiserreich eine große Rolle. Das Deutsche Reich war damals die zweitgrößte Seemacht.

Der Raum 2 „Deutsche Marine im Zeitalter der Weltkriege" behandelt vor allem etwas über die Schicksale der Schlachtschiffe und vom Scheitern des U-Bootkrieges. Interessante Themen sind dort die Rolle der Marine während der Revolution 1918 und die Gedankenwelt der Offizierskorps der Weimarer Republik, die aufzeigen, warum viele die Machtergreifung der Nationalsozialisten begrüßten.

Der dritte Raum „Marinen im Bündnis"

thematisiert die Zeit ab 1945 bis zur Gegenwart. Nach der Teilung Deutschlands wurden in beiden Staaten Marinen gegründet. Die Volksmarine der DDR wurde nach der Wiedervereinigung aufgelöst. Hier lernt man außerdem, wie sich die Marine im Laufe der Zeit verändert hat und welchen gesellschaftlichen Wandel es gab.

Sonderausstellung:
Die aktuelle Sonderausstellung ist eine Fotoausstellung von Annet van der Voort mit dem Titel „The Wall". Die Ausstellung geht vom 10. November 2019 bis zum 19. April 2020. Hier werden Fotos mit den Überresten der Atlantikwall gezeigt. Diese wurde von den Nazis während des Zweiten Weltkriegs als Verteidigungsanlage erbaut. Diese gilt als einer der größten Bauwerke der Geschichte. Vergleichbar wären hier die römischen Limes oder die Chinesische Mauer. 13 Millionen Kubikmeter Beton wurden dafür verwendet. Die Ausstellung soll die Grenzen der Macht demonstrieren und zum Nachdenken anregen. Wäre die Alternative, Brücken zu bauen nicht besser?

# AQUARIUM WILHELMSHAVEN

Unmittelbar in der Nähe des Marinemuseums befindet sich das Aquarium Wilhelmshaven. Dort kann man sich als Besucher auf eine weitere Zeitreise begeben. Auch hier sollte man viel Zeit einplanen. Zumindest, wenn man alles ausführlich besichtigen möchte. Besonders für Familien mit Kindern ist das Aquarium Wilhelmshaven gut geeignet.

Im Aquarium und im Urzeitmeer- Museum kann man die Entstehungsgeschichte des Lebens auf der Erde mitverfolgen. Man kann lebende Fossilien wie den Pfeilschwanzkrebs beobachten. Besonders im Urzeitmeer- Museum lernt man viele spannende Dinge. Wussten Sie zum Beispiel, welches das älteste Tier auf unserem Planeten ist? Im Urzeitmuseum kann man ein originales Fossil entdecken, welches zur Gattung Dickinsonia gehört und vor 600 Millionen Jahre in den Urmeeren des Ediaccarium gelebt hat. Man unternimmt eine Reise durch alle Erdzeitalter des Planeten. Insgesamt kann man über 500 originale Fossile bestaunen, die im Laufe der Evolution in 4,6 Milliarden Jahren entstanden sind. Zu diesen zählen u.a. Trilobiten, Panzerfische, Quastenflosser, Ur – Haie und Fischsaurier. Nachdem man aus der Vergangenheit des Urzeitmeer- Museum wiederaufgetaucht ist, kann man die gegenwärtigen Lebewesen der Nordsee und des Wattenmeers im Aquarium kennenlernen.

Es ist sehr entspannend, durch die Gänge der Unterwasserwelt zu laufen und einen Einblick in die Tier- und Pflanzenwelt der Nordsee und des Wattenmeers zu bekommen. Hier sieht man Tiere wie den Plattfisch, den Katzenhai, Hummer und Taschenkrebse in natürlich angesiedelten Aquarien. In drei separaten Aquarien kann man einen achtarmigen Kraken, verschiedene Seepferdchen und Ohrenquallen beobachten.

Neben den Aquarien gibt es auch ein tropisches Meer, wo Haie leben und ein Antarktis-Gewässer, in dem Pinguine ihre Heimat haben. Zwischen all den Gewässern wurde ein kleiner Regenwald- Raum gestaltet, wo es Tiere wie die größte Vogelspinne, den kleinsten Affen (den Zwergseidenaffen) und Chamäleons zu entdecken gibt. Interessant ist auch die Drohnenfütterung der Seehunde, die man täglich beobachten kann.

Anekdote:

Die Seehunde haben typisch norddeutsche Namen und heißen Paul, Piet und Ole.

Ein besonders positiver Aspekt des Aquariums ist, dass man in einer entspannten und ruhigen Atmosphäre in die Welten der Meere „abtauchen" und gleichzeitig viel Neues lernen kann. Dieses Wissen ist sehr hilfreich, wenn man Wattwanderungen unternehmen und generell die Natur rund um das Meer erkunden möchte. Für Kinder gibt es hier noch ein kleines Spieleparadies, welches natürlich das Thema „Unterwasserwelten" hat. Hier können Kinder auf einem Piratenschiff spielen, durch ein Bällebad „schwimmen" und durch ein Fischernetz- Labyrinth klettern.

Sehr zu empfehlen ist das Panorama – SB – Restaurant Bullermecks, welches sich im Aquarium befindet. Das Restaurant kann man übrigens auch besuchen, wenn man zuvor nicht im Aquarium war. Das Restaurant eignet sich besonders gut für einen Brunch oder ein Mittagessen. Die Preise bewegen sich zwischen sechs und zehn Euro für eine warme Mahlzeit. Mit Blick auf die Nordsee kann man hier in einer entspannten Kulisse eine Mahlzeit zu sich nehmen.

Auf der Speisekarte findet man verschiedene Pastagerichte, wie „Aglio e Oglio mit Nordseekrabben", wo sich die italienische mit der norddeutschen Küche vermischt. Dann gibt es noch eine Pasta- Bowl mit Hähnchenstreifen, die auch als vegetarische Variante bestellt werden kann. Und für Veganer steht eine Pomodoro mit fruchtiger hausgemachter Tomatensoße auf der Speisenkarte. Diese kann ich Ihnen dort wärmstens empfehlen.

Außerdem findet man auf der Karte noch ganz klassische Gerichte wie Fisch und Fischbrötchen, Schnitzel mit Pommes, verschiedene Suppen und Burger, frische Waffeln und selbst gebackenen Kuchen. Besonders lecker ist der „Greenburger", eine vegetarische Burger- Variante mit einem Pattie aus Brokkoli, Erbsen, Grünkohl und frischen Kräutern.

Anekdote:

Wenn man eigentlich eine Wattwanderung geplant hat, aber diese wortwörtlich ins Wasser fällt, weil es regnet, ist der Besuch im Aquarium eine gute Alternative, um das Leben im Meer zu erkunden und danach auch noch eine leckere Mahlzeit mit schöner Aussicht einzunehmen. Ein Tag im Aquarium ist auf jeden Fall sehr entspannt und lehrreich.

Und wer kennt es nicht? Man möchte natürlich für liebe Menschen in seiner Heimat oder auch für sich selbst als Erinnerung ein schönes Souvenir mitnehmen. Die beste Gelegenheit und außerdem eine gute Auswahl bietet der maritime Souvenir– Shop im Aquarium. Dort findet man traditionelle Fischerhemden, Segelbootfiguren aus Holz, Modell – und Buddelschiffe, fossile Urzeitfunde wie Haifischzähne und Ammoniten.

Außerdem werden dort auch Teepräsente, die typisch norddeutsch sind, Plüschtiere, Spielwaren, Grußkarten und Gutscheine für das Aquarium angeboten.

Infobox:

Das Aquarium Wilhelmshaven ist barrierefrei. Fotografieren ist nur ohne Blitzlicht erlaubt.

Folgende Führungen werden angeboten:

1. Zeitreise des Lebens

2. Tauchgang vor unserer Haustür

3. Ab in die Südsee

4. Natur und Technik

## KÜSTENMUSEUM WILHELMSHAVEN

Eine gute Ergänzung zum Wissen, welches man sich bereits im Aquarium angeeignet hat, findet man im Küstenmuseum Wilhelmshaven. In diesem wird – wie der Name bereits verrät - besonders die Küste thematisiert. Außerdem kann man selbst auch aktiv werden: In einer Art Labor kann man archäologische Rekonstruktionen des Alltags früherer Küstenbewohner, die in der frühen Bronzezeit gelebt haben, untersuchen. Spaßig war es vor allem, in die Rolle eines Piraten schlüpfen zu können. Rund um die mittelalterliche Sibetburg hatte man die Möglichkeit, sich als Pirat zu verkleiden, Schiffe zu beladen und auf einem Marktplatz mit „geraubter" Ware zu handeln. Somit konnte man die Vergangenheit hautnah erleben.

**Anekdote**
Egal ob groß oder klein. Jeder hatte viel Freude daran, in die Rolle eines Piraten zu schlüpfen.

In der Dauerausstellung erfährt man, wie sich die Küste in den letzten 12.000 Jahren entwickelt hat. Über einen Touchscreen kann man die Entwicklung der Küste seit der Eiszeit nachvollziehen. Auch der Deichbau, der die Küste und die Menschen vor Sturmfluten schützt, spielt hier eine entscheidende Rolle. In einem Film von 1954, der einen Deichbruch am Maadesiel zeigt, kann man eine Sturmflut miterleben.

Wie Sie sehen hat man hier in Wilhelmshaven einige Möglichkeiten, sich in entspannter Atmosphäre weiterzubilden und seinen Horizont zu erweitern.

Infobox:

Dauerausstellung Themengebiete:

1. Die Küste entsteht

2. Lebensraum Küste

3. Frühe Küstenbewohner

4. Marinestadt an der Nordseeküste

5. Souvenirs von fremden Küsten

Sonderausstellung: 150 Jahren Wilhelmshaven (1. Oktober bis 1. März)

Workshops, Vorträge und Gesprächskreise im Kulturcafé

# Strandspaziergänge und Natur

## SONNENUNTERGANG UND STRANDKÖRBE

Was wäre das für ein Urlaub an der Nordsee, wenn man nicht auch mal am Strand spazieren geht, die Meeresluft genießt und eine Wanderung im Wattenmeer unternimmt. In diesem Kapitel geht es besonders um die Natur an Strand und Meer, aber auch außerhalb des Strandes.

Besonders nach einem Museumsbesuch gibt es doch nichts Schöneres, als einen Tag am Strand ausklingen zu lassen und bei Sonnenuntergang das sanfte Rauschen des Meeres zu hören. Vorbei an der Südstrandpromenade kann man über Wiesen und

Wege am Wasser entlanglaufen und die salzige Meeresluft genießen.

Anekdote
Man geht vorbei an Schildern, die aussehen wie Gesichter und einfach sehr lustig anzusehen sind. Auch hier macht es Spaß, Fotos zu machen und interessante Motive festzuhalten.

Es ist schwer, hier am Meer nicht in eine poetische Stimmung zu verfallen und inspiriert zu werden von den orangenen Strahlen, die im Meer verschwinden, von der leichten stürmischen Luft und der angenehmen Stille, die einem umgibt, je weiter man läuft. Wer die Natur und die Meeresluft liebt, kommt hier sicherlich nicht zu kurz. Egal ob die Sonne scheint oder es bewölkt ist, der Blick auf das Meer ist immer atemberaubend. Wer sich vom Spaziergang etwas erholen möchte, kann sich an der Südstrandpromenade in einem Strandkorb setzen, der zu der Gasstätte „Seestern" gehört. Bei einem Kalt- oder Heißgetränk kann man es sich allein oder mit seinem Reisepartner im Strandkorb gemütlich machen und die Aussicht auf das Meer genießen. Hier kann man zur

Ruhe kommen, seinen Gedanken nachhängen oder sich Zeit zum Schreiben nehmen, während im Hintergrund das Meer leise rauscht.

# WATTENMEER
# BESUCHERZENTRUM

Seit dem Sommer 2012 gilt das Wattenmeerhaus, genauso wie das Wattenmeer selbst, offiziell als UNESCO Weltnaturerbe. Das Wattenmeer gilt als eine der letzten Landschaften in Europa ist, welche noch dem Urzustand aufweist. Der Eingang des Wattenmeer Besucherzentrums wirkt bereits sehr einladend. Am Eingang – und schon von Weitem zu sehen - hängt ein gläsernes „Bild vom Watt" an der Fassade. Im Haus selbst kann man sich eine 2000 Quadratmeter große Dauerausstellung ansehen und das Leben der Nordseetiere ein stückweit näher kennenlernen.

Im Erdgeschoss beginnt direkt eine Ausstellung über Wale und man sieht das Skelett eines Pottwals, der auf Baltrum gestrandet ist. Im Besucherzentrum kann man die Welt hinter dem Deich besser verstehen lernen. Hinter dem Deich herrschen einige Extreme, die durch gigantische Wellen, nackten Boden, sommerliche Hitze und eisige Kälte geprägt ist. Für all diese Gegensätze müssen die Lebewesen dort gewappnet sein. Besonders empfehlenswert im Besucherzentrum ist das Projekt „Sturmerlebnisraum", wo man seine eigenen Kräfte gegen die Naturgewalt messen kann. Weitere Dinge, die man hier besichtigen kann, sind ein 2000 Liter großes Aquarium mit Tieren aus dem Wattenmeer, die man bei Hochwasser ansonsten nicht sehen kann, ein originaler Krabbenkutter und ein Labor für alle, die das Wattenmeer noch weiter erforschen wollen. Nach diesem Besuch ist man für eine Wattwanderung gut gerüstet und bestens informiert.

## EBBE UND FLUT

Die Nordsee ist durch ihre Gezeiten bekannt. Das Meer kommt und geht zweimal am Tag, was als Ebbe und Flut bezeichnet wird. Bei Ebbe verschwindet das Meer und der Meeresboden wird sichtbar. Vor dem Antritt einer Wattwanderung ist es besonders wichtig, sich gut über die Gezeiten zu informieren. Man sollte vorher auch immer sehr genau recherchieren, wann Ebbe und Flut kommen oder sich an jemanden wenden, der sich gut mit den Gezeiten der Nordsee auskennt. In der folgenden Infobox habe ich einige wichtige Fakten zum Thema „Ebbe und Flut" für Sie zusammengestellt.

Infobox:

Die Gezeiten erzeugen einen ständigen Wandel und es kommt stetig zu einem Wechsel zwischen Hochwasser (höchster Stand der Flut) und Niedrigwasser (Ebbe). Während der Flut steigt das Wasser. Nach rund sechs Stunden kommt es zur Ebbe und das Wasser zieht sich immer weiter zurück. Der Höhenunterschied (auch Tidehub genannt) beläuft sich zwischen zwei und fünf Meter. Dies kann aber von Ort zu Ort variieren. Die eigentlichen Ursachen für Ebbe und Flut sind der Mond und die Fliehkraft der Erde. Durch die Fliehkraft gelang das Wasser auf die sonnenabgewandte Seite, während die Kraft des Mondes das Wasser wieder zurückbringt. Bei Vollmond und Neumond vereinen sich beide Kräfte und es kann zu höheren Fluten, den sogenannten „Springfluten", kommen. Informieren Sie sich genau über die Gezeiten, da diese sich jeden Tag um rund 45 Minuten verschieben.

# WATTWANDERUNG

Norddeutscher Humor: Der Norddeutsche differenziert zwischen Schlickwatt, Mischwatt, Sandwatt und „Bringt dat Watt".

Als das Wetter endlich mal mitgespielt hat, konnte ich mich auf die langersehnte Wattwanderung begeben. Es gibt kein schöneres Gefühl als barfuß im Watt spazieren zu gehen. Ich möchte Sie darauf hinweisen, dass es wichtig ist, an einer Führung teilzunehmen und die Wanderung nicht allein zu unternehmen, da man sonst schnell die Orientierung verlieren könnte.

Wer an einer Wattwanderung ganz bedenkenlos teilnehmen möchte, kann das in Wilhelmshaven am Südstrand machen. In einer kleinen Gruppe begibt man sich auf eine Reise ins Wattenmeer. Man lernt direkt vor Ort einiges über die Gezeiten, über Wattwürmer, Krebse und andere Bewohner, die Eigenarten des Watts und des Meeres.

Am Strand in Wilhelmshaven gibt es sowohl Sand als auch Schlick. Der Leiter der Wattwanderung erklärte der Gruppe, dass der Wattschlick besonders gut für unsere Gesundheit ist, da dieser eine heilende Wirkung hat. Sowohl Körper als auch der Geist profitieren von einer Wattwanderung, da man der Natur sehr nahekommt.

Man darf einen Einblick in einen anderen Lebensraum erhaschen. Sie werden sich befreit fühlen, wenn Sie mitten auf dem Meeresgrund stehen, die frische Nordseeluft einatmen und Ihre Seele endlich mal baumeln lassen können. Für all ihre Sinne ist dies ein sehr schönes Erlebnis. Man hört das typische Knistern des Watts, in den feinen Prielen sieht und spürt man noch etwas Wasser, man hört das Singen und Rufen der Vögel. Diese Ruhe und entspannte Einsamkeit mitten im Wattenmeer kann man förmlich spüren.

Auf dem Boden sind Muscheln und die kleinen Häufchen der Wattwürmer zu finden. Sowohl bei Ebbe als auch bei Flut ist das Ökosystem hier sehr belebt.

Infobox:

Das bekannteste Tier im Wattenmeer ist natürlich der Wattwurm. Er reinigt den Sand durch den Verzehr von Algen. So wie in jedem Ökosystem hängt auch hier alles miteinander zusammen. Der Wattwurm gehört zur Gattung der festsitzenden und grabenden Ringelwürmer. Seine Größe beträgt 20 bis 40 Zentimeter, er ist etwa fingerdick und kann bis zu 50 Gramm wiegen. Ein einziger Wurm kann jährlich bis zu 25 Kilogramm Sand filtern. Wenn Niedrigwasser herrscht, dient er Austernfischen und anderen Lebewesen als Nahrung.

## LEUCHTTURM ARNGAST

Den Besuch des Leuchtturms kann man gut mit einer Wattwanderung verbinden. Der Leuchtturm wurde zwischen 1909 und 1910 erbaut, damit man Wilhelmshaven gezielter anfahren konnte und man im Jadebusen eine bessere Orientierung hat. Der Leuchtturm befindet sich 4,5 Kilometer südöstlich von Wilhelmshaven auf einer Sandbank und ist 36, 27 Meter hoch. Während einer Wattwanderung kann man den Leuchtturm und das Leuchtfeuer aus der Nähe betrachten. Das Armgastfeuer wird heute durch eine Fernsteuerung betrieben und von einer Funkortzentrale in Wilhelmshaven überwacht. Ursprünglich wurde das Leuchtfeuer von 12-PS-Dieselmotoren mit elektrischem Strom versorgt. Seit 1966 versorgt ein sechs Kilometer langes Seekabel die Station mit Strom. Der Leuchtturm Arngast gehört zu den bekanntesten Bauwerken und wurde 2003 in das Verzeichnis der Kultur- und Baudenkmale eingetragen. Das Innere des Leuchtturms kann leider nicht besichtigt werden, aber es lohnt sich trotzdem, dorthin zu wandern und ihn aus der Nähe zu betrachten.

## NATURERLEBNISSE

Typisch für Wilhelmshaven und generell für Städte an der Nordsee sind natürlich das Wattenmeer, Wattwanderungen und Strände. Aber Wilhelmshaven hat auch außerhalb der Südstrandpromenade noch viele andere schöne Naturerlebnisse zu bieten. Sie sollten sich an einem Tag mal Zeit nehmen, um die schönen Parks und Gärten in Wilhelmshaven zu besichtigen. Besonders bei sonnigem Wetter in den

Frühlings- oder Herbstmonaten ist die Natur dort besonders schön anzusehen.

**Botanischer Garten**
Der pflanzensoziologische Garten ist die Hauptattraktion des Botanischen Gartens. Hier wurden die typischen Pflanzenarten des nordwestdeutschen Flachlandes gepflanzt und vorgestellt. Zu diesen zählen u.a. die Groden, die Dünen, die Felder der Heide und noch viele weitere Pflanzen. Die Öffnungszeiten variieren je nach Jahreszeit. In der nachfolgenden Infobox sind die Zeiten für Sie zusammengefasst dargestellt.

Infobox:

Öffnungszeiten:

Frühling und Herbst: Montag bis Freitag von 8:00 Uhr bis 16:00 Uhr. Samstag und Sonntag von 10: 00 bis 16:00 Uhr.

Sommer: Montag bis Freitag von 8:00 Uhr bis 18:00 Uhr. Samstag und Sonntag von 10:00 bis 16:00 Uhr

Winter: jeden Tag von 10:00 Uhr bis 15:00 Uhr
Die Entwicklung der Pflanzen bestimmen die Jahreszeiten und nicht das Datum auf dem Kalender.

Der Botanische Garten ist sehr überschaubar und ist der kleinste Botanische Garten in Deutschland. Besonders faszinierend fand ich die Geschichte des Botanischen Gartens. Der Gründer war Georg Harms (ein Schulrektor), der einen Schulgarten anlegen wollte. Im Jahre 1974 genehmigte die Stadt seinen Vorschlag. Aus diesem Schulgarten entstand mit der Zeit der Botanische Garten.

Diese Idee eines Schulgartens sollte jede Schule mal überdenken, damit Kinder und Jugendliche möglichst früh mit der Natur und einheimischen Pflanzen in Berührung kommen. Früher gab es hier sogar noch ein Tropenhaus, in dem Pflanzen aus wärmeren Regionen gepflanzt wurden. Ein Kalthaus mit einem Seerosenbecken gibt es noch heute zu bestaunen. Aber sowohl das Tropenhaus als auch der ursprüngliche Standort an der Gökerstraße mussten aufgegeben werden.

Der neue Standort befindet sich nun mit einer Fläche von 6000 Quadratmetern im Standpark am Neuengrodener Weg.

## Kurpark

Ein weiteres schönes Erlebnis ist ein Spaziergang im Kurpark. Auch dieser weist eine lange und interessante Geschichte auf und ist auf jeden Fall sehr sehenswert. Der Kurpark ist in Wilhelmshaven die älteste Parkanlage. Dieser wurde bereits im Jahre 1869 in den Bauplänen des preußischen Marineministeriums erwähnt. Es wurden zwei künstliche Gewässer angelegt und die Steinfiguren „Hein und Grete" des Wilhelmshavener Bildhauers Kurt Rieger stehen am Parkteich der Nordoststrecke. Der andere Teich befindet sich gegenüber der Musikmuschel in der Nähe des Eingangs „Hindenburgtor". Wenn Sie gerne Musik hören, können Sie sich zwischen Mai und September Kurkonzerte in der Musikmuschel anhören.

Viele Bürger von Wilhelmshaven spendeten früher junge Bäume. Die Bäume trugen ein Schild mit dem Namen des Stifters. Im Volksmund wurde der Park „Offizierspark" genannt, weil auf dem Parkgelände ein „Offizierscasino" entstanden ist. Für alle Außenstehenden war der Zutritt dieses Geländes untersagt.

In den 1920er und 1930er Jahren wurde im

Park vieles umgestaltet und neu gebaut. 1928 wurde das Hindenburgtor gebaut, 1933 der Eingangsbereich Bismarck und 1937 der Parkeingang an der Mozartstraße. 1926 erwarb der Oberbürgermeister Bartelt das Parkgelände für die Stadt und es bekam den Namen „Kurpark". 1966 wurde eine Rollschuhbahn gebaut und zwei Jahre später der Musikpavillon.

Im Gegensatz zum Botanischen Garten findet man hier nur sehr wenige gepflegte Blumenbeete, aber dafür kann man hier mitten in der Stadt ein Stück Natur erkunden. Im Kontrast stehen geschwungene Wege, Uferlinien und Inseln mit der schachbrettartigen Struktur der Stadt Wilhelmshaven. Man findet hier verschiedene Baumarten, u.a. 19 heimische Bäume, 21 Zierbaumarten und 50 Straucharten. Teilweise sind einige von ihnen noch beschildert und stellen die Überreste eines botanischen Lehrpfades dar, der zwischen 1987 und 1989 errichtet wurde.

Mit den Gestaltungselementen der geschwungenen Uferlinien haben die Planer erfolgreich versucht, die Landschaften freier und natürlicher wirken zu lassen. Zu Zeiten von Kaiser Wilhelm sollte der Park den Aufenthalt der Marineangehörigen angenehmer gestalten. In der heutigen Zeit ist der Park sowohl für Touristen als auch für Einheimische eine Oase der Erholung und Entspannung. Man kann hier ausgedehnte Spaziergänge machen, picknicken oder sich ein Konzert anhören. Man kann sich auch ganz gemütlich auf die neuen Parkbänke setzen und mit einer Thermoskanne Tee in der Hand die Natur auf sich wirken lassen.

Infobox

„Bei den neuen Bänken handelt es sich um viersitzige, zwei Meter lange Hockerbänke. Der naturbelassene Sitzbelag ist aus langlebigem FSC- zertifiziertem Hartholz und feuerverzinkten, rechteckigen Bankfüßen. FSC- zertifiziert bedeutet, dass das Holz in vorbildlich bewirtschafteten Wäldern angebaut wird, die nach strengen Richtlinien geprüft werden. Die Papierkörbe bestehen aus Massivstahl. Die Einfassung ist aus Hartholzleisten, der Innenbehälter aus gegossenem, schwarzem Polyethylen. Der Behälter hat ein Füllvermögen von 45 Litern und besitzt einen beweglichen Deckel. Der Deckel verhindert das Durchsuchen des Behälters nach Essensresten oder dergleichen durch z.B. Vögel."
(Quelle: https://www.wilhelmshaven.de/Aktuelles/33641-Kurpark-erstrahlt-mit-neuen-Baenken.html)

**Rosarium und Themengärten**

Für Menschen, deren Lieblingsblume ganz klassisch die Rose ist, ist das Rosarium natürliche der perfekte Ort. Aber auch für jeden anderen ist es ein einmaliges Erlebnis, in einem Garten voller Rosen entlang zu schreiten und sich dabei wie im Märchen zu fühlen. Das Rosarium in Wilhelmshaven ist das Einzige im Nordwesten Deutschlands. Im Rosarium wurden 500 verschiedene Rosenarten angepflanzt. Insgesamt gibt es im Garten ca. 5000 Rosen. Während eines idyllischen Spaziergangs hat man die Möglichkeit, einen Einblick in die Welt der verschiedenen Rosen zu bekommen und deren süßlichen Geruch einzuatmen. Es ist sehr romantisch, hier entlang zu laufen, besonders wenn man mit dem Partner oder der Partnerin zusammen im Urlaub ist.

Anekdote:
Als ein Paar eine dort stattfindende Trauung zwischen all den Rosen beobachtet hat, haben die beiden direkt selbst Hochzeitspläne geschmiedet, da die Kulisse für Hochzeiten perfekt ist. Zumindest dann, wenn man sehr romantisch veranlagt ist.

Seit 2019 gibt es zwischen der Bühne und dem Rosenpavillon einen neuen Senkgarten. Der Senkgarten sorgt dafür, dass der Garten für den Besucher größer wirkt. Der Garten ist von Natursteinmauern umgeben, die tagsüber Wärme ansammeln und diese am Abend nach und nach abgeben. Es entsteht ein Kleinklima und somit können sich Besucher auch noch am Abend und in lauen Sommernächten länger im Freien aufhalten. Außerdem führt die Mauer dazu, dass der Bereich windgeschützt ist.

Infobox:

Öffnungszeiten (Mai bis Oktober):

Montag bis Freitag: 10:00 Uhr bis 18:00 Uhr

Feiertags von 10:00 Uhr bis 18:00 Uhr

Hochzeit im Rosarium

„Das Rosarium ist auch perfekt für Hochzeiten geeignet: Nach einer langen Planungszeit konnten wir 2014 den Rosenpavillon im Rosarium vollenden. Das direkt im Rosarium eingebettete Gebäude bietet einen perfekten Rahmen für Trauungen. Der Pavillon ist beheizt. Das Rosarium ist ein Außenstandort des Standesamtes Wilhelmshaven. Über 5.000 blühende Rosen empfangen Sie und lassen Ihre Zweisamkeit rosig beginnen. Brautleute heiraten in der märchenhaften Umgebung des Rosenpavillons. Planung und Ausgestaltung sollten Sie rechtzeitig mit den Verantwortlichen des Fördervereins abstimmen. So wird Ihre Feier zu einem unvergesslichen, individuellen Erlebnis. Für Ihre Hochzeitsfotos sollten Sie einige Zeit einplanen, denn der Garten bietet unzählige, traumhaft schöne Motive als Kulisse."

Kosten: Trauung: 250,00 Euro.

Ansprechpartner:

Wolfgang Röskamm: Telefon: 04421 / 85521

E-Mail: info@rosarium-wilhelmshaven.de

Wolfgang Schadwinkel: Telefon: Telefon 04423 / 991179

E-Mail: info@rosarium-wilhelmshaven.de

Quelle: https://rosarium-wilhelmshaven.de/hochzeit/

## RÜSTRINGER BERG

Ein weiteres Stück Natur, welches man in Wilhelmshaven unbedingt besichtigen sollte, ist der Rüstringer Berg, der auch historisch eine große Bedeutung hat. Den Rüstringer Berg findet man am Ölhafen (direkt am Heppener Seedeich). Wer schon gerne im Panorama- Restaurant des Aquariums die schöne Aussicht genossen hat oder generell einen atemberaubenden Ausblick liebt, ist hier genau richtig. Der Rüstringer Berg ist ein Überbleibsel aus dem

Zweiten Weltkrieg und ist die höchste Erhebung in Wilhelmshaven. Der Berg überragt mit einer Höhe von 13,5 Metern die Deiche um sechs Meter. Am 20. November 1977 wurde diese Anlage auch für die Öffentlichkeit zugänglich gemacht. Die hügelige Anlage wurde zu einer Terrasse umgestaltet. Dort werden auf sehr künstlerische Weise einige Informationen über die Deichsicherheit erläutert. Bei einem Erkundungsspaziergang fällt einem direkt der große Anker aus Bronze und vor allem der kunstvolle Pavillon ins Auge.

Anekdote:
Hier merkt man besonders deutlich, wie aus einem sehr historischen Platz, der früher durch den Krieg zerstört wurde, etwas sehr Schönes und Außergewöhnliches entstehen kann.

# Südstrandpromenade

## TYPISCHES ESSEN, RESTAURANTS UND VEGANE ALTERNATIVEN

Typisch für Wilhelmshaven und Norddeutschland sind natürlich Fischgerichte, wie zum Beispiel das Fischbrötchen. Besonders in Wilhelmshaven findet man sehr viele Imbissbuden, die Brötchen mit verschiedenen Fischsorten anbieten. Bei sehr vielen Einwohnern und Touristen ist „Heidis Fisch- und Grillimbiss" sehr beliebt. Diesen findet man auf dem Helgolandparkplatz am Südstrand. Leider werden Menschen, die sich vegan oder vegetarisch ernähren, dort nicht fündig. Außer, diese geben sich mit einer Portion Pommes zufrieden. Wenn ich in der Mittagszeit an der Südstrandpromenade spazieren gegangen bin, habe ich mir morgens in der Ferienwohnung ein veganes „Fisch-brötchen" gemacht, um nicht ganz leer auszugehen. Für alle Veganer und Vegetarier stelle ich hier ein gutes Rezept parat, welches mich direkt an das ty-pisch norddeutsche Fischbrötchen erinnert hat.

Infobox:

Vegane Fischfrikadellen, ideal für Fischbrötchen: Die veganen Fischfrikadellen haben dank der faseri-gen Jackfrucht die gleiche Konsistenz wie das tieri-sche Original. Für den feinen Meeresgeschmack sor-gen Algen. Besonders gut schmecken die veganen Fischfrikadellen als Fischbrötchen.

Zutaten: eine Dose Jackfrucht (in Salz eingelegt), eine Tasse Gemüsebrühe, drei Esslöffel Ei- Ersatz, sechs Esslöffel kaltes Wasser, einen halben Teelöffel Rauchsalz, einen Esslöffel gehackte Petersilie, ein Esslöffel Zitronensaft, ein Teelöffel Nori- Algen oder Wakame- Algen (als Flocken), eine kleine Zwiebel (fein gewürfelt), zehn Esslöffel Paniermehl.

Zubereitung:

Die Dose mit der Jackfrucht abgießen, von den Jack-frucht- Stücken die harten Spitzen abschneiden und die Stückchen ausdrücken. Die Brühe in einer Pfanne erhitzen und die Jackfrucht- Stücke hineingeben. Etwa 15 Minuten in der Brühe köcheln, bis die Jackfrucht- Stücke in ihre Fasern zerfallen sind und die Brühe absorbiert oder verdampft ist. Die Stückchen dabei immer wieder mit dem Kochlöffel zerdrücken und umrühren. Anschließen etwas abkühlen lassen. Den Ei- Ersatz mit dem Wasser vermischen. Dann die Fasern der Jackfrucht, den Ei- Ersatz, das Rauchsalz, die Petersilie, den Zitronensaft und die Nori- Algen mit der Zwiebel verkneten. Nach und nach 4 – 5 EL des Paniermehls einkneten, bis ein gut formbarer Teig entstanden ist. Diesen für 15 Minuten kaltstellen, dann 3 Frikadellen daraus formen und im restlichen Paniermehl wenden. Das Öl und das Alsan in einer Pfanne erhitzen und die Fischfrikadellen darin von beiden Seiten knusprig braten.Die veganen Fischfrikadellen eignen sich gut für Fischbrötchen. Dafür 3 Brötchen aufschneiden und beidseitig großzügig mit veganer Remoulade bestreichen. Salatblätter auf die Unterseiten legen und die veganen Fischfrikadellen darauf verteilen. Mit Tomatenscheiben, Salatgurke und Zwiebelringen belegen und zuklappen. Quelle: https://proveg.com/de/vegane-rezepte/vegane-fischfrikadellen-fuer-fischbroetchen/

Eine sehr schöne Location, besonders für jüngere Menschen, bietet das „Kush´s Café und Bar". Hier kann man nachmittags gemütlich ein warmes Getränk und ein Stück Kuchen zu sich nehmen. Wer abends auswärts essen möchte, der kann das „Le Patron" besuchen. In der Restaurant- Lounge herrscht eine richtige Wohlfühlatmosphäre.

Bei schönem Wetter bietet es sich auch an, auf der Wilhelms-Terrasse zu essen. Das „Le Patron" hat einige vegetarische Gerichte im Angebot, die man auch in veganer Variante bekommen kann. Da das „Le Patron" ein Vier- Sterne Restaurant ist, muss man natürlich ein wenig mehr ausgeben. Für den kleinen Geldbeutel und dem kleinen Hunger eignet sich das „CaOs" gut. Dort gibt es kleine Snacks wie Nachos, verschiedene Dips, frittierte Kartoffelbällchen und Suppen. Im Restaurant „Artischocke" werden vegan lebende Menschen auch fündig.

Dort gibt es ein sehr leckeres veganes Gericht auf der Karte: „Gebratene Artischocke": ein Gericht mit gutem Olivenöl, Basilikum, eingelegten Kirschtomaten und Pinienkernen, dazu Ratatouille und Röstkartoffeln. Vor dem Urlaub in Wilhelmshaven hatte ich die Befürchtung, dass es schwierig wird,

Restaurants mit veganen Gerichten zu finden. Aber ich wurde vom Gegenteil überzeugt und konnte das ein oder andere leckere Menü probieren. Im „Seestern", draußen in den Strandkörben, kann man eine kurze Rast einlegen. Dieses Restaurant, welches zu einem Hotel gehört, eignet sich gut für einen günstigen Snack und ein Getränk.

# FERIENWOHNUNGEN UND HOTELS

Wer nicht viel Geld zur Verfügung hat, sollte sich in Wilhelmshaven ein wenig außerhalb der Südstrandpromenade eine Ferienwohnung mieten. Hier gibt es auch viele private Anbieter, die pro Tag nicht viel Geld nehmen. Besonders die Hotels und Ferienwohnungen an der Südstrandpromenade sind ziemlich teuer. Wer natürlich trotzdem mit Meerblick aufwachen möchte, dem empfehle ich folgende Hotels:

– Hotel Seestern & Delphin
– Atlantic Hotel Wilhelmshaven
– Nordseehotel Wilhelmshaven

# FAHRRADVERLEIH

Wer keine Lust hat, mit dem Auto oder mit öffentlichen Verkehrsmitteln zu fahren, hat die Möglichkeit sich an der Südstrandpromenade ein Fahrrad auszuleihen.

Anekdote:

Da die norddeutsche Landschaft sehr flach ist, kann man dort sehr gut Fahrrad fahren. Besonders, wenn man selbst aus einer sehr hügeligen Gegend kommt, empfindet man das Fahrradfahren in Wilhelmshaven als sehr angenehm.

# Bummeln in der Nordseepassage

Die Nordseepassage ist gut geeignet, um kleine Einkäufe zu erledigen, gemütlich bummeln zu gehen und kleine Souvenirs zu kaufen. Die Nordseepassage befindet sich direkt hinter dem Bahnhof und hat unter der Woche von 10 bis 20 Uhr und am Samstag von 10 bis 18 Uhr geöffnet.

## AUSWAHL AN LÄDEN

Man findet hier bekannte Marken wie H&M, C&A, Rossmann, Combi, Douglas, Ernstings Family und Only. In der Bäckerei Müller & Egerer kann man sehr leckere Brötchen kaufen und im Reformhaus Ebken konnte ich das ein oder andere vegane Lebensmittel, u.a. Brotaufstriche, Snacks und Süßigkeiten finden.

## BESONDERE EMPFEHLUNG: TEELADEN

Mein Lieblingsladen in der Nordseepassage war eindeutig der „Teepalast". Dies ist ein kleines Paradies für jeden Teeliebhaber. Die Kette „Teepalast" gibt es schon seit 1997. Der Laden bietet Tee von unterschiedlichen Herstellern, beispielsweise Lov Organic, Kusmi, Florapharm und Ronnefeldt an. Egal ob schwarzer Tee, grüner Tee, Früchtetee, Matetee, Rooibos, Ostfriesentee oder Kräutertee - für jeden Geschmack ist etwas dabei. Besonders herzlich wurde ich von der Verkäuferin empfangen, die mir viele Teesorten empfohlen hat. Es gab verschiedene Döschen mit Tee, an denen man riechen konnte, um für sich den passenden Tee zu finden. Gerade für regnerische Herbsttage daheim habe ich mir einen Vorrat vom „Ostfriesischen Schietwettertee" geholt. Dieser besteht aus Schwarztee, Punschgewürzen, Zitronenschalen, Nelken und Zimt.

Es gibt auch viele andere Mischungen mit verschiedenen Früchten, Melisse, Anis, Brombeere, Erdbeere, Fenchel, Himbeere, Haselnuss- und Spitzwegerichblättern, Sonnenblumen, Ringelblumen, Holunder, Pfingstrosen- und Wollblumenblüten, Hagebuttenschalen, Apfelstücke, Pfefferminzkraut und Holunderbeeren. Der Tee kann die mentale Stimmung verbessern und gleichzeitig unser Immunsystem unterstützen. Eine perfekte Kombination für regnerische Tage im Norden.

Die Verkäuferin hat mir den Tipp gegeben, den Tee am besten in einer Teedose (zum Beispiel eine aus Metall oder Keramik) aufzubewahren. Somit verliert das Aroma nicht seinen Geschmack. Den Schietwettertee sollte man, je nach Geschmack, drei bis zehn Minuten ziehen lassen. Ideal dazu wäre ein kleines Gebäckstück, welches die gleichen Aromen aufweisen wie der Tee. Dies könnte zum Beispiel ein Gebäck sein, das Anis enthält.

Anekdote: Woher kommt der Name Schietwetter-tee?

Der Schietwettertee hat in Norddeutschland schon eine lange Tradition. Viele Ostfriesen trinken jeden Tag zwei oder mehr Tassen Tee. Der Schietwettertee hat diesen Namen bekommen, da der Tee Kräuter enthält, die bei schlechtem Wetter vor Erkältungen schützen können und das Immunsystem unterstützen.

# Künstlerszene in Wilhelmshaven

Neben all den historischen Sehenswürdigkeiten und der Natur gibt es auch im Bereich der Kunst einiges in Wilhelmshaven zu entdecken. Wilhelmshaven ist zwar nicht als typische Künstlerstadt bekannt, aber dennoch bemüht sich die Stadt, den Einwohnern und Touristen die Kunst der Gegenwart ein wenig näher zu bringen. In der Kunsthalle kann man unterschiedliche Ausstellungen besichtigen und in der Stadt selbst an Kunstworkshops teilnehmen. Ein Kunstprojekt nennt sich

„City Murals Flutstraße" und wurde in der Flutstraße errichtet. Regelmäßig findet auch ein Street Art- Festival statt.

## KUNSTHALLE WILHELMSHAVEN

Seit dem Jahr 1913 zeigt die Kunsthalle in Wilhelmshaven eine große Auswahl an zeitgenössischer Kunst aus Malerei, Skulptur, Installation, Performance und Klangkunst. Sie zählt zur ältesten Kulturinstitution der Stadt an der Jade.

Die Eingangsfassade ist in einem von Bauhaus und Brutalismus inspirierten Bau mit offenem Grundriss gehalten. Das Museum beherbergt alle paar Wochen eine andere Ausstellung und bietet immer verschiedene Veranstaltungen an. Diese sind u.a. das „Kunst- Picknick", der „Familiensamstag" und der „Film- Friday" und „Kunst für alle" (mit freiem Eintritt), um nur einige der aktuellen Veranstaltungen zu nennen. Die aktuelle Ausstellung heißt „Trade Show" und stammt von Cloe Bass & Bill Dietz. Wer sich für die Kunst der Gegenwart interessiert, sollte der Kunsthalle in Wilhelmshaven unbedingt einen Besuch abstatten.

Infobox:

Öffnungszeiten:

Dienstag: 14 bis 20 Uhr

Mittwoch bis Sonntag: 11 bis 17 Uhr

Montags sowie 24., 25., 26., 31. Dezember und 1. Januar geschlossen

Eintrittspreise:

Erwachsene: 4 Euro

Ermäßigt: 2 Euro

Aktuelle Ausstellung: „Trade Show" von Cloe Bass & Bill Dietz.

„Die Künstler*innen inszenieren in der Ausstellung eine Reihe von Tausch-Aktionen zwischen der Kunsthalle Wilhelmshaven und mehreren Schauplätzen in der Stadt. Mit dabei sind eine Fabrik, ein Privathaus, ein Schnellimbiss, ein Kiosk, ein wissenschaftliches Institut, die Künstlersozialkasse und ein Fotostudio. Während die Kunsthalle in der Ausstellung nicht künstlerische Gegenstände von diesen Orten zeigt – verwoben in einen spannungsreichen Dialog von Texten, Bildern und Klängen –, beherbergen die Austauschpartner Werke der Städtischen Kunstsammlung. Was geschieht, wenn unterschiedliche Vorstellungen von Wert und Austausch in ganz verschiedenen Räumen aufeinandertreffen? Kann es sein, dass alle Arten von Wert und Tausch immer auch unheimlich sind?"

Quelle: https://www.kunsthalle-wilhelms-haven.de/veranstaltungen/veranstaltungskalen-der/details-event/ausstellungsfuehrung-chloe-bass-bill-dietz-trade-show/

Um darüber informiert zu sein, welche Ausstellung momentan ausgestellt wird, sollte man auf der Homepage der Kunsthalle nachsehen.

# Berühmte Denkmäler

Wenn Sie von all den Museen, Sehenswürdigkeiten und von der Geschichte Wilhelmshavens immer noch nicht genug bekommen haben, werde ich Ihnen noch das ein oder andere Denkmal und Bauwerk vorstellen, welches Sie auf der Sightseeingtour besichtigen können.

# PRINZ-ADALBERT VON PREUßEN – DENKMAL

Dieses Denkmal befindet sich auf der Adalbert-straße/ Friedrich-Wilhelmplatz. Prinz Adalbert von Preußen hat sich selbst um den Bau der Statue bemüht und sich als Vorbild die Berliner Straße „Unter den Linden" genommen. Das Denkmal ist für die interessant, die sich für die Gründung von Wilhelmshaven interessieren, da Prinz Adalbert von Preußen für die Gründung Wilhelmshaven mitverantwortlich war.

# CHRISTUS – GARNISONSKIRCHE UND GEDENKTAFELN

Direkt in der Nähe des Denkmals auf der Adalbert-straße befindet sich die Christus– und Garnisonskirche. Im Inneren der Kirche befinden sich einige Gedenktafeln, Wappen und Flaggen der Kaiserlichen Marine und ein Ehrenmal für alle Angehörigen der Marine, die in beiden Weltkriegen gestorben sind. Außerdem befindet sich in der Kirche das berühmte Altarbild „Durch das Kreuz zum Licht" und die kunstvollen Kirchenfenster, die I.O Lim entworfen hat und die die Lebensgeschichte von Jesus erzählen.

## BURG KNIPHAUSEN UND DER AHNENSAAL

Besonders schön ist der Ahnensaal der Burg, der für Veranstaltungen und Trauungen gebucht werden kann. Die Burg selbst wurde 1438 erbaut und war ein Sitz einer mittelalterlichen Häuptlingsherr-schaft. 1708 wurde das Schloss durch ein Feuer zerstört und im Jahr 1990 vollständig renoviert. Wer diese Sehenswürdigkeit besichtigen möchte, sollte sich den Ahnensaal, das Torhaus und die Parkanlage ansehen. Der Ahnensaal ist sehr kunstvoll gestaltet. Hier finden regelmäßig Kunstausstellungen statt, während sich der Park perfekt für einen Spaziergang eignet. In der Burgschänke Kniphausen kann man eine Kleinigkeit essen und trinken.

# Bräuche, Feste und Sprache

## VOLKSFEST IN WILHELMSHAVEN

Falls Sie im Juli einen Urlaub in Wilhelmshaven planen, können Sie das Volksfest „Wochenende an der Jade" miterleben. Seit 1950 wird jährlich ein Strandfest mit anschließendem Feuerwerk in Wilhelmshaven gefeiert. Seit 1975 hat jedes Fest ein bestimmtes Motto. 2018 lautete das Motto zum Beispiel: „Ahoi Wilhelmshaven". Während des Volksfestes gibt es eine Kirmes, Flohmärkte, ein Tag der offenen Tür im Marinearsenal, Festivals, Drachenbootrennen, Oldtimertreffen, viele Ausstellungen und ein Abschlussfeuerwerk. Im

Sommer 2019 ist das Fest zum ersten Mal ausgefallen und soll 2020 auf jeden Fall wieder stattfinden.

## WEIHNACHTSMARKT IN WILHELMSHAVEN

Das Motto des Weihnachtsmarktes lautet: „Weihnachten am Meer". Der maritime Weihnachtsmarkt findet immer auf dem Valoisplatz statt. Neben den klassischen Weihnachtsmarktbuden und Karussellen gibt es viele Buden mit Kunsthandwerk, musikalische Veranstaltungen, einen Laternenumzug, ein Kaspertheater und ein Märchenwald für Kinder.

Anekdote
Die weihnachtliche Stimmung am Meer zu erleben ist mal eine ganz andere Erfahrung. Wer dort im Winter Urlaub macht, sollte unbedingt den Weihnachtsmarkt besuchen.

# TYPISCHE WORTE UND IHRE BEDEUTUNG

Das typische „Moin", welches man als Begrüßung zu jeder Tageszeit zu hören bekommt, ist bestimmt jeden geläufig. Doch welche Wörter bietet der Norden noch? Hier ist eine Liste mit Ausdrücken, die einem eventuell begegnen werden. Viele Begriffe stammen noch aus dem Plattdeutschen. Im Folgenden habe ich für Sie eine Liste mit bestimmten Worten, Redensarten und Sprichwörtern zusammengestellt.

Infobox:

Plattdeutsch (auch: Niederdeutsch, oder in der Eigensprache: Plattdüütsch) gilt als eine eigenständige Sprache, die viele Dialekte aufweist und die vor allem im Norden Deutschlands gesprochen werden. Auch in den angrenzenden Regionen, wie im Osten oder den Niederlanden wird Platt gesprochen. Ein Einheits- oder Standard-Platt gibt es daher nicht.

– „Warst du gestern aufm Swutsch?"(Swutsch= aus-
gehen)

– „Bist du dösig?" (dösig sein= dumm, ungeschickt
sein)

– „Wie das gallert!" (gallern= stark regnen)

– „Was bist du so muksch?" (muksch sein= still, be-
leidigt sein)

– „Hast du was zum Schnökern da?" (Schnökern= etwas zum Naschen)

– „Ich habe noch mit der Nachbarin geschnackt"
(schnacken= reden)

– Weitere norddeutsche Ausdrücke sind zum Beispiel: „plietsch" für „schlau", „lütt" für „klein" (ver-
wandt mit dem englischen Wort „little"), „Buddel"
für „Flasche" und „Schietbüdel" für einen Schelm.

– Ein sehr schönes Sprichwort lautet: „Wat den een
sin Uhl, is den annern sin Nachtigall" (Was für den
einen eine Eule ist, ist für den anderen eine Nachtigall)

– „Wat mutt, dat mutt": Dieses Sprichwort gehört
zur norddeutschen Mentalität „Was man machen
muss, das soll man einfach machen, ohne zu jam-
mern".

– Einer der bekanntesten Trinksprüche: „Nich' lang

schnacken, Kopp im Nacken."

– „Der Wind kommt immer von vorne" oder „Gegenwind formt den Charakter": Vom Schietwetter sollte man sich nicht aufhalten lassen.

– „Nu abba Budda bei die Fische!": Dies heißt so viel wie „Rede nicht um den heißen Brei herum."

– „Du bist aber gnaddelig!" (gnaddelig sein= schlecht gelaunt sein)

– „Zieh dir mal ne Büx an!" (eine Büx= Hose)

– „Total piefig." (piefig sein= spießig/altmodisch sein)

Anekdote

Das Wort „Moin" führte oft zur Verwirrung, da viele denken, dass damit „Guten Morgen" gemeint ist und sehr verdutzt sind, wenn „Moin" auch am Abend noch verwendet wird. Das Wort „Moin" kommt aus dem niederländischen und bedeutet so viel wie „Einen sehr schönen Tag (moi)." Während Nordfriesen nur einmalig „Moin" sagen, sagen Ostfriesen meistens „Moin Moin". Damit das „Moin" im Sprachgebrauch erhalten bleibt, hat eine Bremer Radiosender eine Wortpatenschaft beim „Verein deutscher Sprache" übernommen.

Natürlich werden nicht all diese Begriffe in Norddeutschland permanent verwendet. Viele ältere Menschen benutzen noch bestimmte Begriffe und es kann vorkommen, dass einem der ein oder andere Begriff erst einmal nicht so geläufig ist. Aber da natürlich auch viele Menschen später erst in den Norden gezogen sind, sprechen die meisten dort eher Hochdeutsch. Manche Redensarten jedoch sind auch in anderen Gebieten Deutschlands gebräuchlich. Man erkennt, wie komplex und vielseitig Sprachen sein können.

# Meeresluft für die Gesundheit

Neben all den vielen Attraktionen und Ausflugszielen haben Städte und Inseln an der Nordsee noch einen anderen Vorteil: Die Meeresluft und das Meeressalz sind gut für die körperliche und mentale Gesundheit. Besonders Menschen, die an Asthma, Allergien, Hautleiden oder einer depressiven Verstimmung leiden, tut der Aufenthalt an der Nordsee besonders gut. Viele Gegenden im Norden sind bekannt dafür, dass diese ergänzend zur Meeresluft gute Therapien für verschiedene Krankheiten anbieten. Sehr viele Menschen finden an der Nordsee Erholung und genesen schneller.

## WAS UNTERSCHEIDET DIE LUFT AN DER NORDSEE VON ANDEREN GEGENDEN?

An der Nordsee gibt es weder Pollen noch schlechte Luft, die mit Smog belastet ist. Der etwas rauere Wind, die kühleren Temperaturen und die salzhaltige Luft führen dazu, dass sich die Gesundheit verbessern kann. An der Nordsee herrscht das sogenannte Reizklima. Durch die Nordseeluft lösen sich Husten– und Niesattacken auf, die Bronchien erweitern sich und die Schleimhäute werden angefeuchtet und besser durchblutet.

Infobox:

**Das Reizklima erkennt man an folgenden Merkmalen: Orte, die große Temperaturunterschiede aufweisen, wo es sehr windig ist, wo es ein Meer in unmittelbare Nähe gibt und wo die UV-Strahlung einen hohen Einfluss hat.**

Das Meerwasser besteht aus Magnesium, Jod und Salz und wirkt sich sehr positiv und gesundheitsfördernd auf den Körper aus. Durch die Meeresbrise ist die Luft mit heilsamem Aerosol gefüllt.

Daher kann man einen Strandspaziergang mit einer Inhalation aus gesundheitsfördernden Stoffen gleichsetzen. Der Körper braucht einige Tage, bis er sich an das Reizklima gewöhnt hat. Dies liegt daran, dass der Organismus sich an eine andere Temperatur anpassen muss. Auch das Herz und der Kreislauf können entlastet werden, da es an der Nordsee keine schwüle Luft gibt. Das Meersalz ist gut für die Atemwege und löst den Schleim.

Das führt dazu, dass besonders Asthmatiker wieder besser durchatmen können. Für die Haut gleicht ein Strandspaziergang einem Peeling. Nach einem Spaziergang lassen sich rund zwei Gramm Salz auf der Haut feststellen. Das Salz wirkt entzündungshemmend und löst Hautschuppen. Durch die UV-Strahlen bildet der Körper mehr Kortisol. Dies ist besonders vorteilhaft für Menschen, die Neurodermitis haben oder unter Schuppenflechte leiden. Auch ein Bad im Meer wirkt desinfizierend und lindert Entzündungen. Durch die starken

Auftriebskräfte werden die Knochen entlastet, welches besonders gut für Menschen mit Rheuma oder Arthritis ist. Auch Hippokrates wusste schon, welche Heilkraft das Wasser hat. Joseph de la Bonnardière entwickelte die Thalasso- Therapie und orientierte sich dabei an den Lehren der alten Griechen. In vielen Gegenden an der Nordsee sind mittlerweile die Thalasso- Therapien Standard.

Infobox
„Thalassa" (griechisch; Mythologie für die Verkörperung des Meeres)
    „Thalasso-Therapie"--> stützt sich auf die Heilkräfte des Meeres: Aerosol-Inhalation, Peelings mit Meeresschlamm und Ernährungsumstellung.

Im September 2014 wurde die Nordsee in Niedersachsen zur ersten zertifizieren Thalasso- Region in Europa. Der Allergologe und Umweltmediziner Patzke empfiehlt, sich direkt in der Brandungszone aufzuhalten, um das maritime Aerosol einzuatmen: „Es enthält Salzwassertröpfchen, die sich je nach Größe im Nasen- Rachenraum anreichern oder bis in die Lungenbläschen vordringen. Der Salzgehalt ist in der Luft am höchsten, wenn Sie direkt in der Brandungszone stehen. 15 Meter weiter auf dem Strand ist die Salzkonzentration nur noch halb so hoch."

Anekdote:
Es gibt mittlerweile viele Mediziner und Medizinerinnen weltweit, die bei bestimmten Krankheiten die Natur „verschreiben".

## WO KANN MAN AM BESTEN IM MEER SCHWIMMEN GEHEN?

Wie Sie nun wissen, hat das Meerwasser viele gesundheitliche Vorteile. Doch wo genau kann man in Wilhelmshaven am besten schwimmen gehen? Am geeignetsten ist der Südstrand, um im Meer zu schwimmen. Dort ist die DLRG auch aktiv. Außerdem kann man sich dort einen Strandkorb mieten, um zwischendurch entspannen zu können. Am Südstrand gibt es allerdings keinen Sandstrand, sondern eine Wiese. Wer lieber einen Sandstrand bevorzugt, sollte zum Ort Hooksiel fahren. Der Ort ist nah bei Wilhelmshaven in der Gemeinde Wangerland. Hier bekommt man noch mal richtiges

Urlaubsfeeling, wenn man am langen Sandstrand spazieren geht. Hier gibt es jedoch auch ein kostenpflichtiges Strandbad, wo sich auch die DLRG befindet. Wer nur am Strand spazieren gehen möchte, sollte das außerhalb des kostenpflichtigen Bereichs machen. Wenn Sie jedoch einen ganzen Tag am Strand entspannen und im Meer baden wollen, empfiehlt es sich, diesen Strand zu nutzen. In der Hauptsaison ist es natürlich sehr voll. Für Familien ist der Ort Hooksiel gut geeignet.

Infobox:
Preise für das Strandbad:
Erwachsene: 3,00 Euro
Kinder (6 Jahre bis zur Vollendung des 18. Lebensjahres): 1,50 Euro.

Der Strand ist sehr sauber und wird gut gepflegt, weshalb sich der kleine Eintrittspreis auf jeden Fall lohnt. Hier kann man kilometerweit am Strand und durch die Dünen spazieren gehen. Im kühlen Salzwasser kann man sich treiben lassen und zur Ruhe kommen.

# Nordsee poetisch betrachtet

Zitat über das Meer
„Das freie Meer befreit den Geist."
    (Johann Wolfgang von Goethe)

Nach all den vielen Informationen und Erfahrungen im Buch möchte ich Sie nun auf eine kleine Fantasiereise mitnehmen, um den Norden und die Stadt Wilhelmshaven auch auf eine poetische Weise betrachten zu können. Diese Fantasiereise können Sie selbst lesen oder sich vorlesen lassen und dabei die Augen schließen, um ganz abzutauchen.

**Anekdote**

Besonders für Schriftsteller und Autoren ist die Stadt Wilhelmshaven ein schöner Rückzugsort, um Inspiration zu finden und bei einem Spaziergang in den Dünen oder am Strand bei Sonnenuntergang eine Schreibblockade zu überwinden. Nicht ohne Grund haben sehr viele Dichter und Dichterinnen über die Nordsee geschrieben.

# FANTASIEREISE: DAS ABENDLICHT IM NORDEN

Sie laufen am menschenleeren Strand entlang. Es ist ein Herbsttag, weshalb nicht mehr viele Touristen unterwegs sind. Doch Sie genießen die kühle Brise, die sie umgibt. Die frische Nordseeluft spendet ihnen Energie. Sie ziehen Ihre Schuhe aus, um den nassen Sand und den Schlick unter Ihren Füßen spüren zu können. Sanft umspült das Meereswasser Ihre Füße. Sie können wahrnehmen, wie die heilenden Kräfte des Meersalzes in Ihre Poren eindringen. Das Meer rauscht leise und gibt Ihnen ein ruhiges Konzert. Während Sie Ihren Weg langsam entlang am Meer fortsetzen, fängt es leicht an zu dämmern. Orangene

Wolken vermischen sich mit dem schaumigen Meer. Sie atmen einmal tief durch, riechen das wohltuende Salz und fühlen, dass Ihre Lungen immer befreiter werden.

Auf dem Boden sehen Sie kleine Muscheln und Wattwürmer, die Sie vorsichtig umgehen. Sie lassen Ihren Alltag los und sind in der Gegenwart und genießen den Moment, den sie vollkommen für sich allein haben. Von Weitem sehen Sie eine malerische Düne. Sie setzen sich in den feinen Sand, den sie sanft durch Ihre Finger rieseln lassen können. Von den Dünen aus beobachten Sie das Treiben des Meeres, welches ein Stück näherkommt.

Von weiten sehen Sie eine Möwe am Horizont, die dem Sonnenuntergang entgegenfliegt. Sie holen eine Thermoskanne hinaus und schenken sich einen Becher mit aromatischen Schietwettertee ein. Der heiße Teedampf steigt nach oben und vermischt sich mit der Meeresluft. Der Geruch nach frischen Beeren und Kräutern steigt in Ihre Nase. Sie probieren einen Schluck des heißen Tees und beobachten die Abenddämmerung.

Der süßliche und gleichzeitig leicht bittere Tee schmeckt nach einem Tag an der Nordsee. Das

Rauschen des Meeres lädt Sie ein, in der Abenddämmerung schwimmen zu gehen und sich von den Wellen tragen zu lassen. Sie fühlen sich eins mit dem Meer und der Natur.

Die ruhigen, schaumigen Wellen tragen Sie durch das Abendlicht und all ihre Sorgen werden im weiten Meer weggespült. Die letzten Strahlen der Sonne versprühen eine angenehme Wärme, die im Kontrast zu dem kühlen Meer steht. Sie schwimmen eine ganze Weile, bis die orangenen Sonnenstrahlen komplett im Meer verschwunden sind. Barfuß laufen Sie durch den kühlen Sand und sehen über sich den runden, weißen Vollmond und viele glitzernde Sterne, die hier im Norden besser zu sehen sind. Sie nähern sich immer mehr der kleinen Promenade, die wieder in die Stadt führt.

# NORDSEELYRIK

Zum Ende hin habe ich für Sie noch zwei passende Gedichte herausgesucht, die die poetische Stimmung der Nordsee sehr schön beschreiben.

Gedicht über die Nordsee in der Nacht
Am Strand von Rainer Maria Rilke
Vorüber die Flut,
noch braust es fern.
Wild Wasser und oben,
Stern an Stern

Wer sah es wohl,
O selig Land,
wie dich die Welle
überwand.

Noch braust es fern.
Der Nachtwind bringt
Erinnerung und eine Welle
verlief im Sand.

Rainer Maria Rilke war und ist nicht der einzige Dichter, der über die Nordsee, Strandspaziergänge und das Meer geschrieben hat. Die Nordsee hat all die Autoren und Autorinnen schon immer fasziniert und dazu inspiriert, über die Natur des Nordens zu schreiben. Besonders über die Nächte, die Abenddämmerung und über den Morgen wird sehr gerne geschrieben. Während Rilke ein Gedicht über die Nacht am Strand verfasste, beschreibt Christian Morgenstern in einem seiner Gedichte den Morgen am Meer.

Beide Tageszeiten, sowohl der Sonnenaufgang als auch der Sonnenuntergang, sind sehr stimmungsvolle, romantische und poetische Tageszeiten, die man unbedingt miterleben sollte, wenn man in Wilhelmshaven oder in einer anderen Stadt oder Insel des Nordens reist. Und wer weiß? Vielleicht wird der ein oder andere selbst zu einem Poeten und verfasst ein lyrisches Werk oder eine schöne Geschichte über die Nordsee.

Gedicht über die Nordsee am Morgen

Meer am Morgen von Christian Morgenstern

Herrlich schäumende Salzflut
im Morgenlicht,
die tiefen Bläuen
in weissen Stürzen auskämmend,
hin
über grüne Seichten
zur Küste stürmend -
aus – rollend nun,
die Felsen hochauf umleuchtend!
Metallgrün
stehen die runden rauschenden Büsche
von deinen fernher schwärzlichen Böen,
und rötlich milchige Wolken
strecken sich lang
in den zärtesten Himmel
darüber.

# Eine schöne Reise

Nun haben Sie einen kleinen Einblick in die Stadt Wilhelmshaven und in den Norden bekommen. Von einer historischen Zeitreise, den interessantesten Museen und Denkmälern, guten Restaurants, Hotels, Parks und Ausflugszielen bis hin zu der Sprache im Norden und einer literarischen Sicht auf die Nordsee. Sie sind gut informiert und können nun Ihre Reise nach Wilhelmshaven antreten.

Beim Kofferpacken sollten Sie auf jeden Fall alte, feste Schuhe einpacken, die Sie für die Wattwanderung nutzen können. Auch, wenn es noch Herbst oder Spätsommer ist, nehmen Sie einen Schal mit, den Sie sich bei stürmischen Spaziergängen umbinden können und packen Sie sowohl eine dünne als auch eine dickere Jacke ein, da das Wetter hier sehr wechselhaft ist. Außerdem empfehle ich, eine Thermoskanne mitzunehmen, damit Sie sich unterwegs mit Tee stärken und aufwärmen können.

Ideal wären auch ein Badetuch und eine Picknickdecke für Strandbesuche und Spaziergänge. Für regnerische, freie Nachmittage nehmen Sie sich Ihr Lieblingsbuch mit, um auch mal einen ruhigen Tag im Hotel oder in der Ferienwohnung verbringen zu können. Und für die Autoren und Autorinnen unter Ihnen: natürlich etwas zum Schreiben, um inspirierende Momente festhalten zu können.

Anekdote:
Regenschirme lassen Sie besser Daheim. Wenn es regnerisch ist und stürmt, wird der Schirm an der Nordsee nicht lange halten und einem schneller aus der Hand fliegen als einem lieb ist.

Zum Schluss möchte ich Ihnen noch eine Buchempfehlung über die Nordsee ans Herz legen. Dieser

Bildband wurde sehr gut recherchiert, stellt viele Perspektiven dar und ist für jeden geeignet, der sich über die Nordsee und deren Städte mehr informieren möchte.

Nun „abba budda bei die Fische":

Ich wünsche Ihnen einen lehrreichen und vor allem aber einen erholsamen Urlaub in Wilhelmshaven. Und nicht vergessen: Die richtige Antwort auf „Moin Moin" heißt „Moin".

Buchempfehlung

„Nordsee – Kultur Geschichte Bilder" von James Att-
lees

Die Nordsee hat so viel zu erzählen.

Der britische Sachbuchautor widmet sich der Nordsee mal aus einer ganz anderen Perspektive:

„Ich denke dein, wenn mir der Sonne Schimmer vom
Meere strahlt, ich denke dein, wenn sich des Mondes
Flimmer in Quellen malt."

(Johann Wolfgang von Goethe)

Der Autor nähert sich hier literarisch der Nordsee.
Hier finden Sie viele Gedichte, Sprüche, Bilder, Ge-
mälde und etwas zum Nachdenken. Neben der Ur-
laubsidylle und der Poesie,geht der Autor auch auf
die Umweltverschmutzung und die Überfischung
ein. Auch die zerstörende Kraft des Meeres, spielt
eine zentrale Rolle.

# Packliste

## Geld & Finanzen

O (evtl.) Auslandswährung

O Bargeld

O Bauchtasche

O Brustbeutel

O Bauchtasche

O EC-Karte

O Kreditkarte

O Notfall-Telefonnummern der Banken

O Portmonee

## Hygiene

O Haarbürste / Kamm

O Deo (klein)

O Shampoo

O Kulturtasche

O Sonnencreme

O Taschentücher

O Reise-Zahnbürste und Zahnpasta
O Verhütungsmittel

## Kleidung

O Badeklamotten
O Gürtel
O Hosen kurz / lang
O Mütze / Cap / Hut
O Pullover
O Regenjacke
O Schlafanzug
O Socken
O Sonnenbrille
O Sportklamotten / Jogginghose
O T-Shirts
O Unterwäsche

## Medikamente

O Blasenpflaster
O Anti-Durchfalltabletten
O Erste-Hilfe-Set

O Fiebertabletten

O Fiebertabletten

O Mückenschutz

O sonstige Medikamente

O Pflaster

O Kopfschmerztabletten

## Unterlagen & Papiere

O ADAC Unterlagen

O Adresslisten für Postkarten

O Krankversicherungsnachweis

O Stadtplan

O Führerschein

O Unterlagen für die Unterkunft

O Wasserdichte Hülle für Reiseunterlagen

O Impfausweis

O Mietwagenunterlagen

O Personalausweis

O Reisepass

O Reisetagebuch

O evtl. Studentenausweis

O evtl. Visum
O Zug- / Bahn- / Flugticket

## Taschen & Rucksäcke

O Koffer / Trolley / Reisetasche
O Regenhülle für Rucksack
O Rucksack

## Schuhe

O Badeschlappen / Hausschuhe
O Schuhe und Wechselschuhe

## Sonstiges

O Brille / Kontaktlinsen und Etui
O Buch zum Lesen
O Ohrenstöpsel und Schlafmaske
O Regenschirm
O Reisedecke
O Wasserflasche
O Wörterbuch

## Elektronik

O Digitalkamera
O Handy
O Ladekabel
O Kopfhörer
O evtl. Steckdosenadapter
O Power-Bank

Herstellung und Verlag:

BoD – Books on Demand, Norderstedt

ISBN: 9783750468801

1. Auflage

Kontakt: Psiana eCom UG/ Berumer Str. 44/ 26844 Jemgum

Covergestaltung: Fenna Larsson

Coverfoto: depositphotos.com